dibistan - 5ch00l   2
rêwêtî - 7r4v3l   5
guhaztin - 7r∠n5p0r7   8
bajar - c17y   10
tebîet - l4nd5⊃4p3   14
xwaringeh - r3574ur4n7   17
bazar - 5up3rm4rk37   20
vexwarinan - dr1nk5   22
xwarin - f00d   23
cotgeh - f4rm   27
xanî - h0u53   31
oda rûniştinê - l1v1n6 r00m   33
metbex - k17ch3n   35
hemam - b47ᴎr00m   38
odeya zarok - ch1ld'5 r00m   42
kinc - cl07h1n6   44
ofîs - 0ff1c3   49
aborî - 3c0n0my   51
profesyon - 0ccup4710n5   53
amûran - 700 5   56
amûrên mûzîkê - mu51c4l 1n57rum3n75   57
baxça heywanan - z00   59
werziş - 5p0r75   62
çalakiyan - 4c71v17135   63
malbat - f4m1ly   67
beden - b0dy   68
nexweşxane - h05p1741   72
acîlîyet - 3m3ᴎ63ncy   76
erd - 34r7h   77
saet - cl0ck   79
hefte - w33k   80
sal - y34r   81
şêwe - 5h4p35   83
rengan - c0l0r5   84
beramberan - 0pp051735   85
hejmaran - numb3r5   88
zimanan - l4n6u4635   90
kî /çi / çawa - wh0 / wh47 / h0w   91
kû - wh3r3   92

Impressum
Verlag: BABADADA GmbH, Nedderfeld 112 , 22529 Hamburg
Geschäftsführer / Verlagsleitung: Harald Hof
Druck: Books on Demand GmbH, In de Tarpen 42, 22848 Norderstedt

Imprint
Publisher: BABADADA GmbH, Nedderfeld 112 , 22529 Hamburg, Germany
Managing Director / Publishing direction: Harald Hof
Print: Books on Demand GmbH, In de Tarpen 42, 22848 Norderstedt, Germany

dibistan
5ch00l

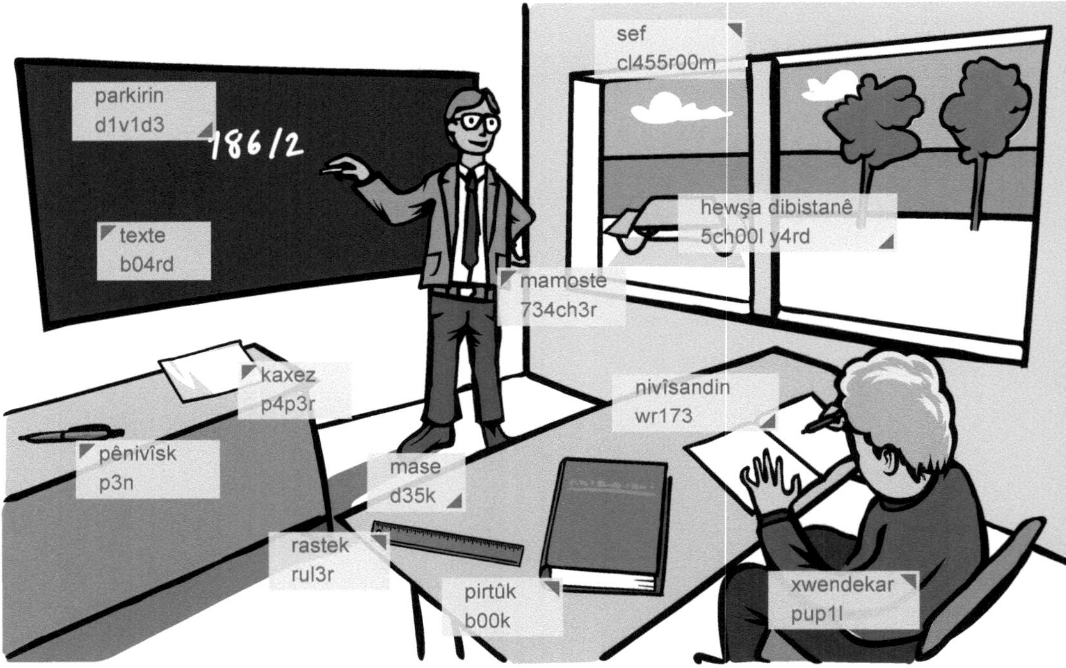
sef
cl455r00m
parkirin
d1v1d3
186/2
texte
b04rd
hewşa dibistanê
5ch00l y4rd
mamoste
734ch3r
kaxez
p4p3r
nivîsandin
wr173
pênivîsk
p3n
mase
d35k
rastek
rul3r
pirtûk
b00k
xwendekar
pup1l

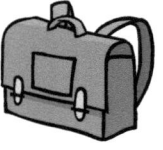

çewal

547ch3l

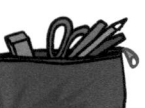

qûtî nivîstok

p3nc1l c453

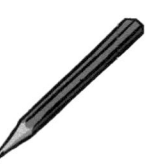

qelemrisas

p3nc1l

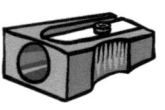

nivîstok tûjkir

p3nc1l 5h4rp3n3r

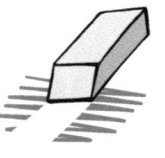

jêbir

rubb3r

nivîska nîgarê

dr4w1n6 p4d

nîgar

dr4w1n6

firçeya rengê

p41n7bru5h

qûtî reng

p41n7 b0x

meqes

5c1550r5

lezaq

6lu3

pirtûka fêrbûn

3x3rc153 b00k

wezîfa malê

h0m3w0rk

12

hejmar

numb3r

2+2

zêdekirin

4dd

5-2

derxistin

5ub7r4c7

2×2

zêdekirin

mul71ply

hesibandin

c4lcul473

tîp

l3773r

ABCDEFG HIJKLMN OPQRSTU VWXYZ

alfabe

4lph4b37

peyv

w0rd

nivîsê

73x7

xwandin

r34d

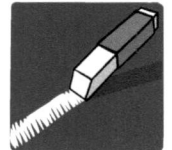

geç

ch4lk

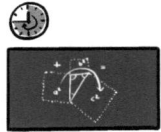

ders

l3550n

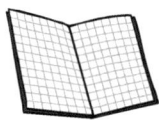

qeydkirin

r361573r

îmtîhan

3x4m1n4710n

şehade

c3r71f1c473

kinca dibistanê

5ch00l un1f0rm

perwerdehî

3duc4710n

zanistname

3ncycl0p3d14

zanîngeh

un1v3r517y

mîkroskûp

m1cr05c0p3

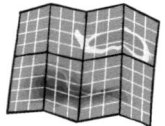

xerîte

m4p

sepeta kaxezê

w4573-p4p3r b45k37

rêwêtî
7r4v3l

mêvanxane
h073l
Grand
mêvanxane
h0573l
ROOMS
ofîsa pere veguhartinê
curr3ncy 3xch4n63 0ff1c3
€CHANGE
cente
5u17c453
maşîn
c4r

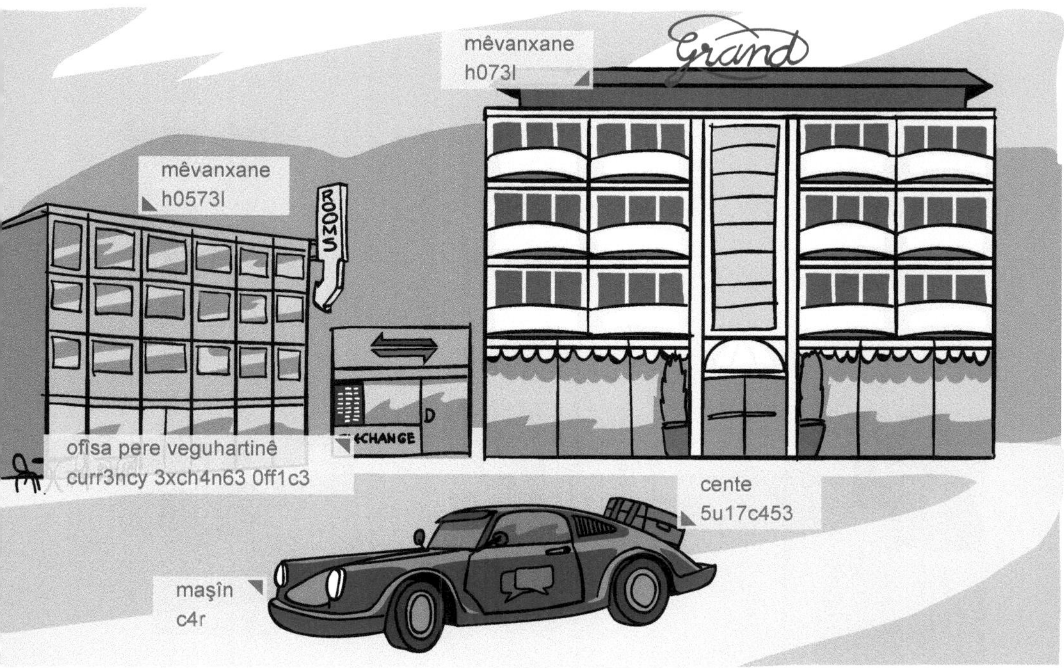

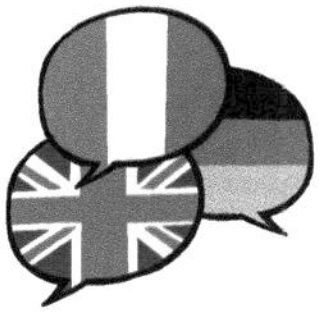

ziman
l4n6u463

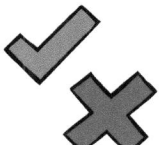

belê / na
y35 / n0

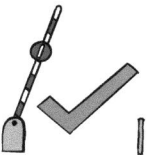

baş
0k4y

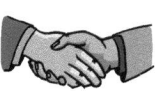

silav
h3ll0

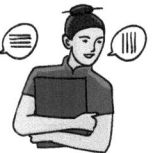

wergêra nivîskî
7r4n5l470r

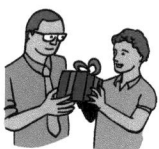

sipas
7h4nk y0u

bihayê ... çi qase?

h0w much 15

ez fam nakim

1 d0 n07 und3r574nd

pirsgirêk

pr0bl3m

êvarbaş!

600d 3v3n1n6!

beyanî baş!

600d m0rn1n6!

şev baş!

600d n16h7!

xatirê te

600dby3

alî

d1r3c710n

hûrmûr

lu66463

çente

b46

çente pişt

b4ckp4ck

mêvan

6u357

ode

r00m

came xew

5l33p1n6 b46

çadir

73n7

agagiyên gerokan

70ur157 1nf0rm4710n

rexê avê

b34ch

kartê qerzê

cr3d17 c4rd

taştê

br34kf457

firavîn

lunch

şîv

d1nn3r

kart

71ck37

asansor

3l3v470r

pûl

574mp

tixûb

b0rd3r

gumirk

cu570m5

balyozxane

3mb455y

vîza

v154

pasaport

p455p0r7

guhaztin
7r4n5p0r7

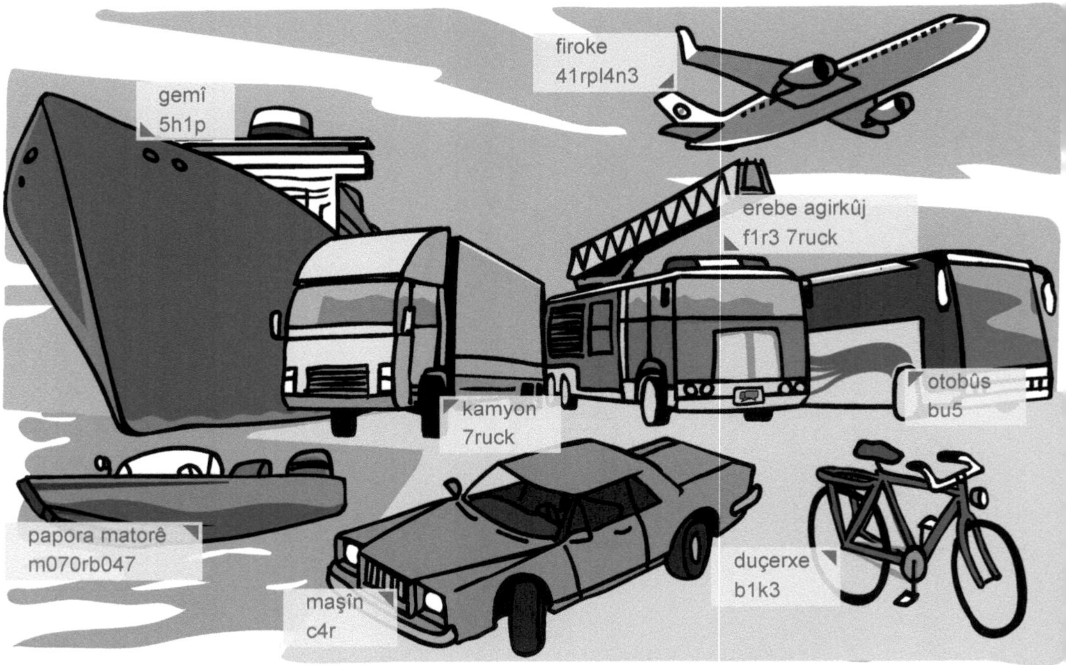
firoke
41rpl4n3
gemî
5h1p
erebe agirkûj
f1r3 7ruck
otobûs
bu5
kamyon
7ruck
papora matorê
m070rb047
duçerxe
b1k3
maşîn
c4r

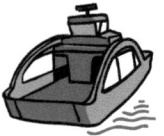

papor

f3rry

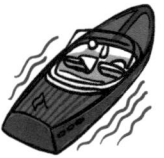

papor

b047

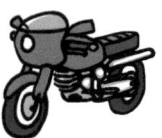

motorsîklêt

m070rb1k3

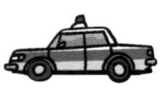

trimbêla polîsê

p0l1c3 c4r

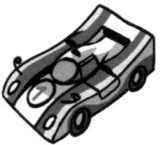

trimbêla pêşbaziyê

r4c1n6 c4r

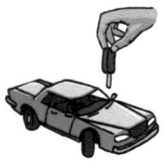

erebe kirêkirinê

r3n74l c4r

maşîn pervekirin

c4r 5h4r1n6

kamyona kişandinê

70w 7ruck

kamyona xwelî

64rb463 7ruck

motorsîklêt

3n61n3

mazot

fu3l

îstegeha benzînê

fu3l 574710n

tabloya tirafîkê

7r4ff1c 516n

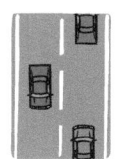

hatinûçûn

7r4ff1c

tirafîk

7r4ff1c j4m

cihê parkê

p4rk1n6 l07

rawesteka trênê

7r41n 574710n

rêç

7r4ck5

trên

7r41n

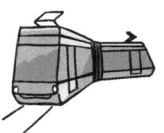

trênê kolanê

7r4m

erebe

w460n

babirok

h3l1c0p73r

balafirgeh

41rp0r7

birc

70w3r

misafir

p4553n63r

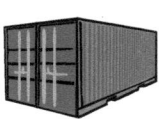

qûtî

c0n741n3r

qûtî

c4r70n

girgirok

c4r7

selik

b45k37

rabûn / nîştin

74k3 0ff / l4nd

bajar
c17y

gund

v1ll463

navenda bajarê

c17y c3n73r

xanî

h0u53

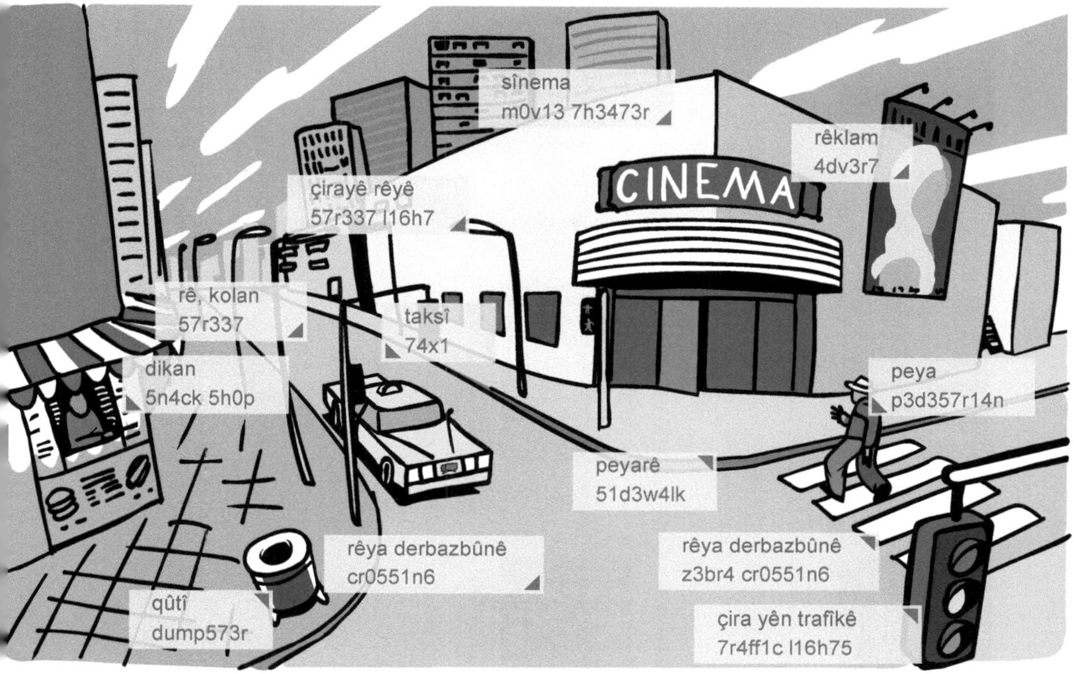

sînema
m0v13 7h3473r

rêklam
4dv3r7

çirayê rêyê
57r337 l16h7

CINEMA

rê, kolan
57r337

taksî
74x1

dikan
5n4ck 5h0p

peya
p3d357r14n

peyarê
51d3w4lk

rêya derbazbûnê
cr0551n6

rêya derbazbûnê
z3br4 cr0551n6

qûtî
dump573r

çira yên trafîkê
7r4ff1c l16h75

kox

hu7

xanî

4p4r7m3n7

rawesteka trênê

7r41n 574710n

telara şarevanî

c17y h4ll

mûzexane

mu53um

dibistan

5ch00l

zanîngeh

un1v3r517y

bank

b4nk

nexweşxane

h05p174l

mêvanxane

h073l

dermanxane

ph4rm4cy

ofîs

0ff1c3

kitêbfiroşî

b00k 5h0p

dikan

5h0p

gulfiroş

fl0w3r 5h0p

bazar

5up3rm4rk37

bazar

m4rk37

supermarket

d3p4r7m3n7 570r3

masîfiroş

f15hm0n63r'5 5h0p

navenda kirrîn

m4ll

bender

h4rb0r

park

p4rk

sekû

b3nch

pir

br1d63

derince

5741r5

jêr erdê

5ubw4y

tunnel

7unn3l

îstgeha otobûs

bu5 570p

bar

b4r

xwaringeh

r3574ur4n7

sindûqa posté

p057b0x

nîşanderka rêyê

57r337 516n

metra parkîngê

p4rk1n6 m373r

baxça heywanan

z00

hewza melevanî

5w1mm1n6 p00l

mizgeft

m05qu3

cotgeh

f4rm

lewitandina derdor

p0llu710n

goristan

c3m373ry

kenîse

church

erdê leyistinê

pl4y6r0und

perestgeh

73mpl3

tebîet

l4nd5c4p3

gela
l34f

nîşanderka rê
516np057

rê
p47h

mêrg
m34d0w

kevir
570n3

gerok
h1k3r

dar
7r33

çem
r1v3r

giya
6r455

kulîlk
fl0w3r

dol

v4ll3y

gir

h1ll

gol

l4k3

daristan

f0r357

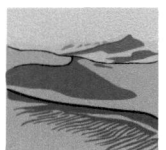

beyaban

d353r7

volkan

v0lc4n0

keleh

c457l3

keskesor

r41nb0w

kivark

mu5hr00m

darqesp

p4lm 7r33

mixmixk

m05qu170

mêş

fly

mêrî

4n7

hing

b33

pîrê

5p1d3r

kêzik

b337l3

beq

fr06

sihor

5qu1rr3l

jîjok

h3d63h06

kerguh

h4r3

pepûk

0wl

çivîk

b1rd

qû

5w4n

berazê kovî

b04r

pezkovî

d33r

pezkovî

m0053

bendav

d4m

tûrbîna ba

w1nd 7urb1n3

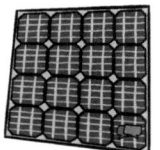

panela xorê

50l4r p4n3l

av û hewa

cl1m473

xwaringeh
r3574ur4n7

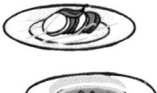

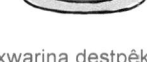

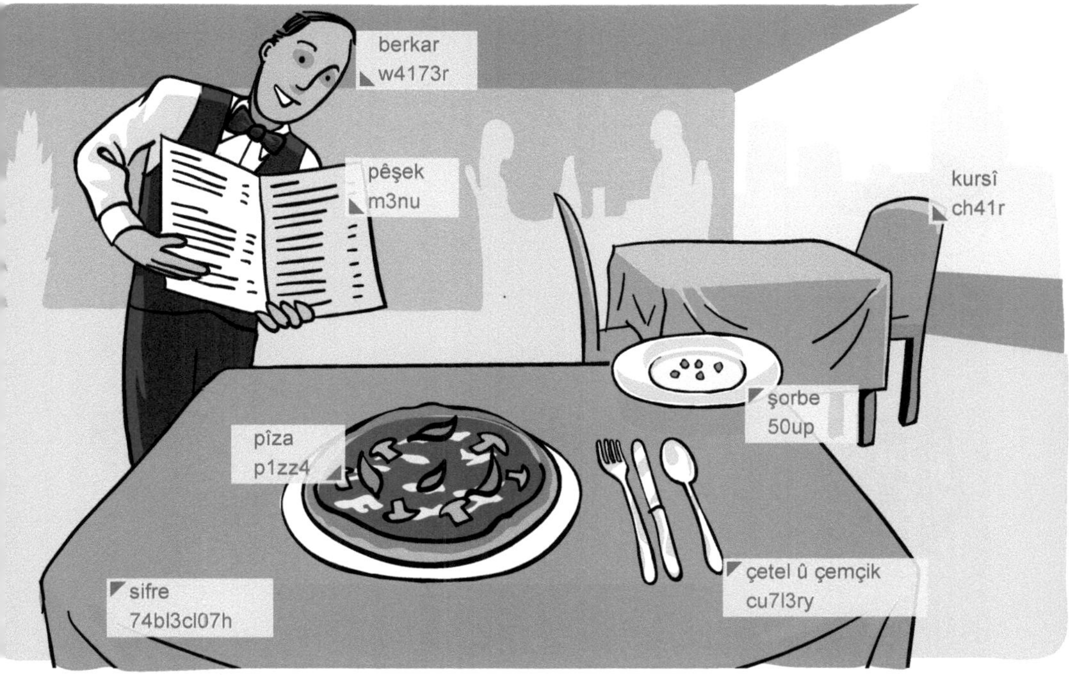
berkar
w4173r
pêşek
m3nu
kursî
ch41r
şorbe
50up
pîza
p1zz4
sifre
74bl3cl07h
çetel û çemçik
cu7l3ry

xwarina destpêk

574r73r

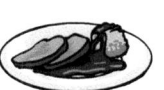

xwarina serekî

m41n c0ur53

şêranî

d3553r7

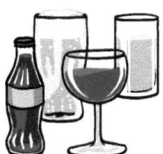

vexwarinan

dr1nk5

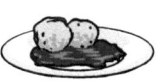

xwarin

f00d

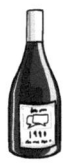

cam

b077l3

xwarina lez

f457 f00d

xwarina rêyê

57r337 f00d

çaydanik

734p07

qûtî şekirê

5u64r b0wl

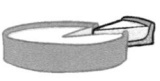

beş

p0r710n

mekîna çêkirinê espresso

35pr3550 m4ch1n3

kursiya bilînd

h16h ch41r

hesab

b1ll

sênî

7r4y

kêr

kn1f3

çetel

f0rk

kevçî

5p00n

kevçiya çay

7345p00n

pêşgir

53rv13773

qedeh

6l455

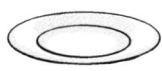

teyfik

pl473

teyfika şorbe

50up pl473

piyale

54uc3r

çênc

54uc3

xwêdank

54l7 5h4k3r

qûtî bîbar

p3pp3r m1ll

sêk

v1n364r

rûn

01l

biharat

5p1c35

ketçap

k37chup

mustard

mu574rd

mayonêz

m4y0nn4153

bazar
5up3rm4rk37

pêşkêşên taybet
5p3c14l 0ff3r
FOR
mişterî
cu570m3r
şîremenî
d41ry pr0duc75
fêkî
fru17
erebe
5h0pp1n6 c4r7

BUTCHERS

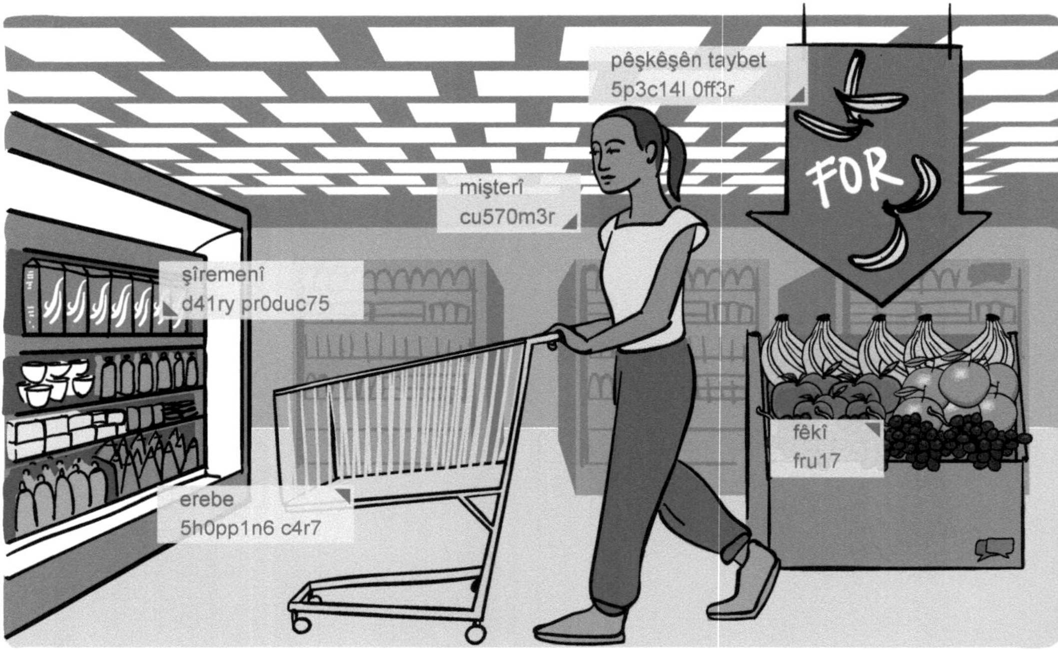

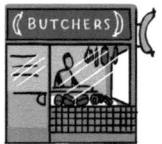

qesabî

bu7ch3r'5 5h0p

BAKERY

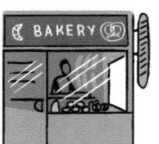

dikana nanpêj

b4k3ry

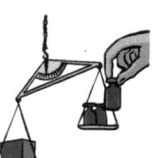

wezin kirin

w316h

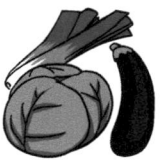

sebze

v36374bl35

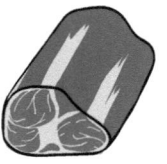

goşt

m347

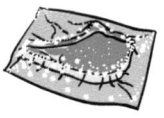

xwarinê cemedî

fr0z3n f00d

goştê sar
c0ld cu75

xwarina pîlê
c4nn3d f00d

xubarê paqijkirinê
d373r63n7

şirînî
c4ndy

berhemên navxweyî
h0u53h0ld pr0duc75

berhemên paqijkirinê
cl34n1n6 pr0duc75

firoşyar
54l35 r3pr353n7471v3

xeznok
c45h r361573r

diravgir
c45h13r

lîsta kirrînê
5h0pp1n6 l157

demên vekirî
0p3n1n6 h0ur5

cizdan
w4ll37

kartê qerzê
cr3d17 c4rd

çewal
b46

çente
pl4571c b46

av

w473r

şerbet

ju1c3

şîr

m1lk

komir

c0k3

şerab

w1n3

bîra

b33r

alkol

4lc0h0l

kakwo

c0c04

çay

734

qehwe

c0ff33

espresso

35pr3550

kapoçîno

c4ppucc1n0

moz

b4n4n4

sêv

4ppl3

pirteqalî

0r4n63

gundor

m3l0n

lîmon

l3m0n

gêzer

c4rr07

sîr

64rl1c

qamir

b4mb00

pîvaz

0n10n

qarçik

mu5hr00m

gewîz

nu75

şihîre

n00dl35

spagêttî

5p46h3771

birinc

r1c3

selete

54l4d

çîps

fr135

peteteya biraştî

fr13d p0747035

pîza

p1zz4

hamburger

h4mbur63r

nanok

54ndw1ch

goştê stûyê berxî

35c4l0p3

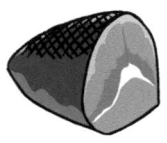

goştê hişkkirî

h4m

salamê

54l4m1

sosîs

54u5463

mirîşk

ch1ck3n

bijartin

r0457

masî

f15h

şorbe bilûl

p0rr1d63 0475

mûslî

mu35l1

kertên gilgilan

c0rnfl4k35

ard

fl0ur

croissant

cr01554n7

semûn

br34d r0ll

nan

br34d

tost

70457

nanik

c00k135

nivîşk

bu773r

mast

curd

kulîçe

c4k3

hêk

366

hêka qelandî

fr13d 366

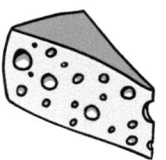

penîr

ch3353

dondirme

1c3 cr34m

şekir

5u64r

hingiv

h0n3y

mireba

j3lly

xameya nougat

n0u647 cr34m

kurrî

curry

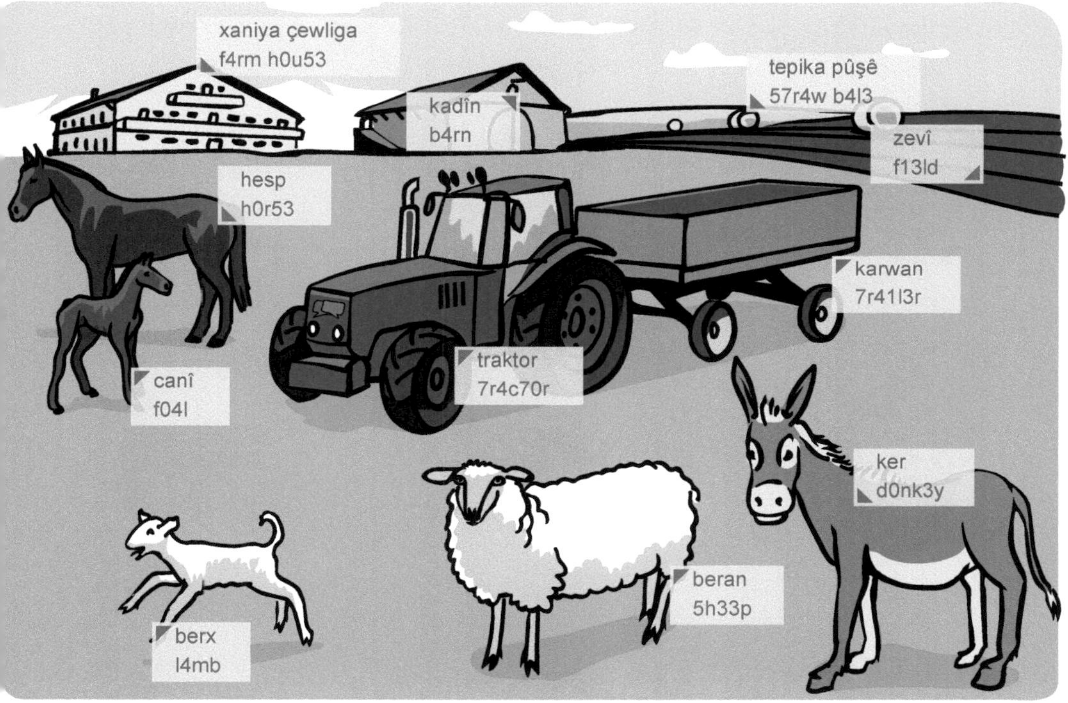

xaniya çewliga
f4rm h0u53

kadîn
b4rn

tepika pûşê
57r4w b4l3

zevî
f13ld

hesp
h0r53

karwan
7r41l3r

canî
f04l

traktor
7r4c70r

ker
d0nk3y

berx
l4mb

beran
5h33p

bizin

6047

çêlek

c0w

golik

c4lf

beraz

p16

xinzîrk

p16l37

boxe

bull

qaz

60053

miravî

duck

cûçik

ch1ck

mirîşk

h3n

keleşêr

c0ck3r3l

circ

r47

kitik

c47

mişk

m0u53

ga

0x

kûçik

d06

xaniya kûçikê

d06 h0u53

xanî baxê

64rd3n h053

qûtîka avdanê

w473r1n6 c4n

şalûk

5cy7h3

gasin

pl0u6h

das

51ckl3

merbêr

h03

darsapik

p17chf0rk

bivir

4x3

destgere

pu5hc4r7

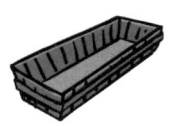

qûtî xwarina candaran

7r0u6h

qûtî şîr

m1lk c4n

tûr

54ck

çeper

f3nc3

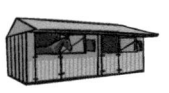

axur

574bl3

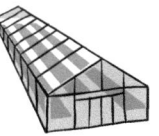

xana kulîlkan

6r33nh0u53

ax

501l

dendik

533d

peyn

f3r71l1z3r

kombayn

c0mb1n3 h4rv3573r

zad

h4rv357

zad

h4rv357

petete

y4m5

genim

wh347

fasolî

50y4

petete

p07470

dexl

c0rn

dindik

r4p3533d

darê fêkî

fru17 7r33

sêvê bin erdê

m4n10c

zad

6r41n

xanî

h0u53

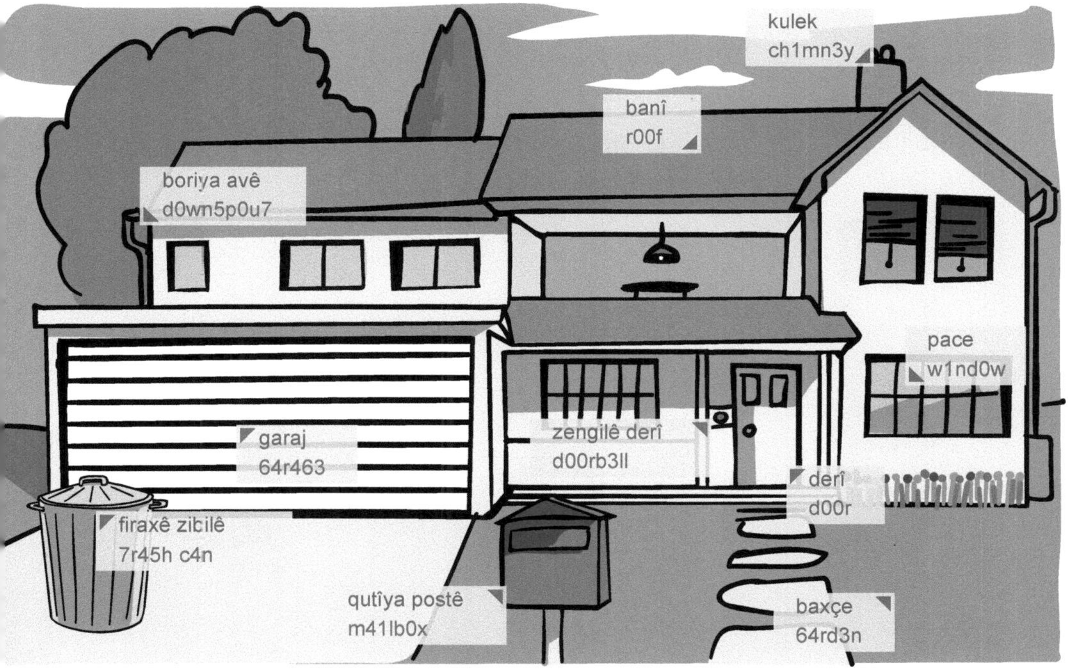
kulek
ch1mn3y
banî
r00f
boriya avê
d0wn5p0u7
pace
w1nd0w
garaj
64r463
zengilê derî
d00rb3ll
derî
d00r
firaxê zibilê
7r45h c4n
qutîya postê
m41lb0x
baxçe
64rd3n

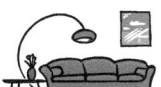

oda rûniştînê

l1v1n6 r00m

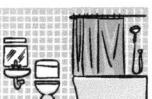

hemam

b47hr00m

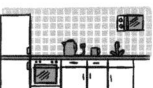

metbex

k17ch3n

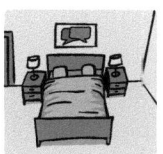

oda xewê

b3dr00m

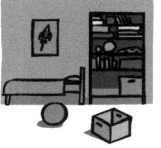

odeya zarok

ch1ld'5 r00m

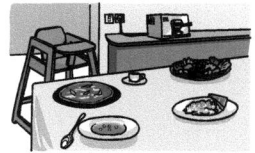

oda şîvê

d1n1n6 r00m

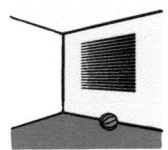

binî
floor

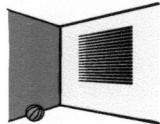

dîwar
w4ll

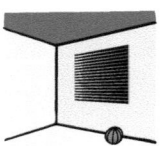

berban
c31l1n6

xenzik
c3ll4r

sauna
54un4

balkon
b4lc0ny

berdanik
73rr4c3

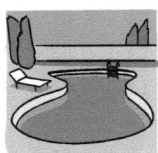

hewza melevanî
p00l

çîmen birr
l4wn m0w3r

melhefe
5h337

betanî
b3d5pr34d

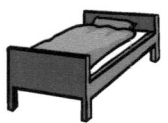

nivîn
b3d

gezik
br00m

satil
buck37

kilîl
5w17ch

32   xanî - h0u53

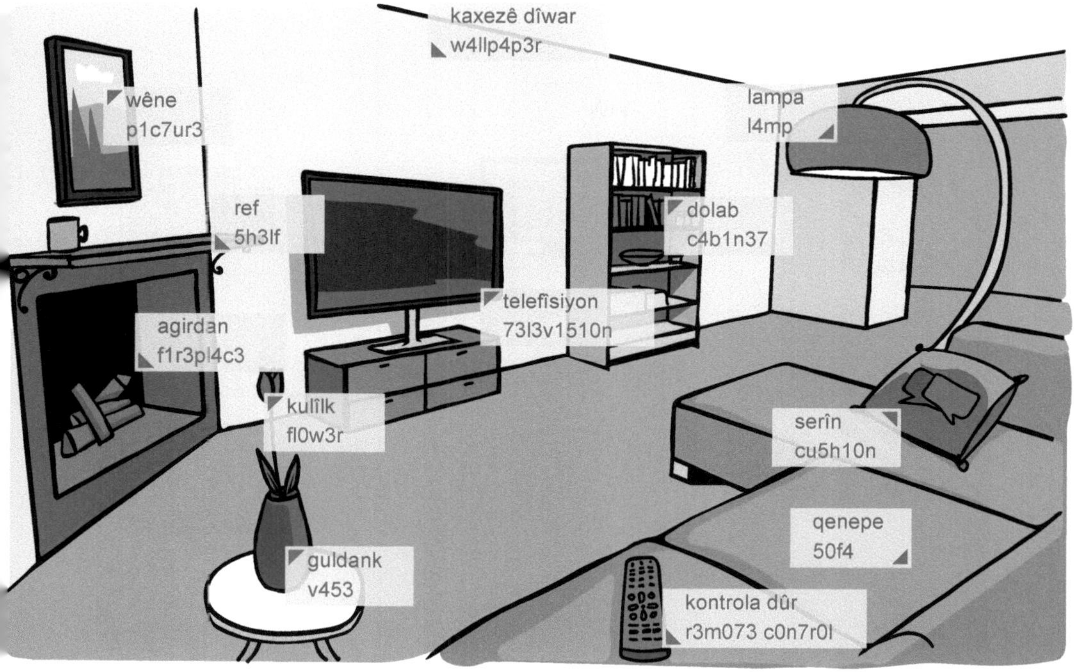

kaxezê dîwar
w4llp4p3r

wêne
p1c7ur3

lampa
l4mp

ref
5h3lf

dolab
c4b1n37

agirdan
f1r3pl4c3

telefîsiyon
73l3v1510n

kulîlk
fl0w3r

serîn
cu5h10n

qenepe
50f4

guldank
v453

kontrola dûr
r3m073 c0n7r0l

xalîçe

c4rp37

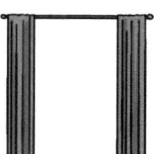

perde

dr4p3

mêz

74bl3

kursî

ch41r

kursiya hejanok

r0ck1n6 ch41r

kursî

4rmch41r

pirtûk

b00k

betanî

bl4nk37

xemilandin

d3c0r4710n

êzing

f1r3w00d

fîlm

f1lm

hi-fi

573r30 5y573m

kilîl

k3y

rojname

n3w5p4p3r

nîgar

p41n71n6

poster

p0573r

radyo

r4d10

defter

n073b00<

sivnika elektrîkî

v4cuum cl34n3r

kaktûs

c4c7u5

mom

c4ndl3

metbex
k17ch3n

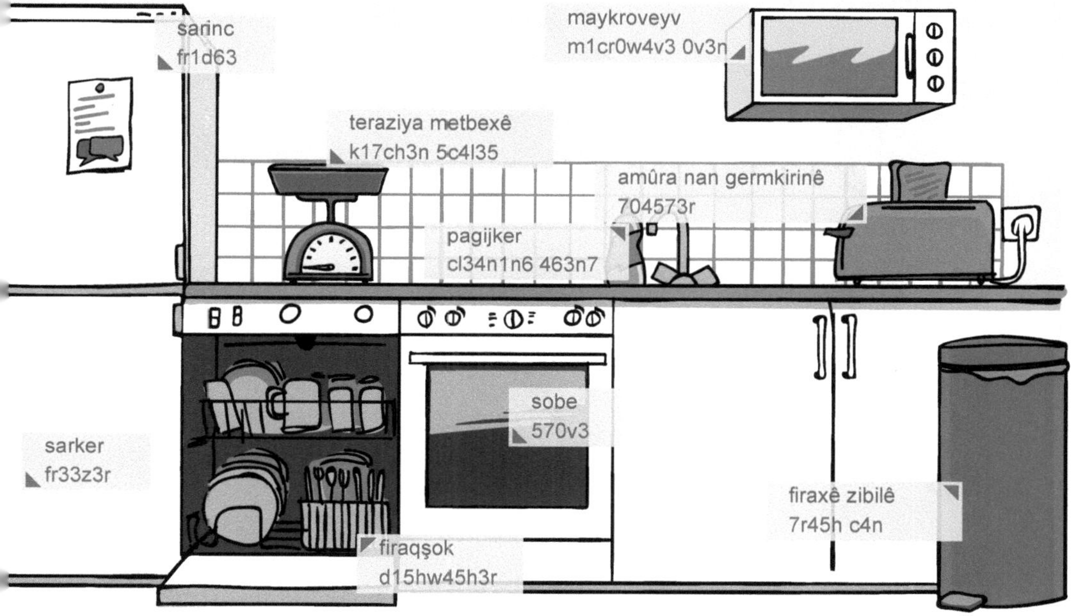
sarinc
fr1d63
maykroveyv
m1cr0w4v3 0v3n
teraziya metbexê
k17ch3n 5c4l35
amûra nan germkirinê
704573r
pagijker
cl34n1n6 463n7
sobe
570v3
sarker
fr33z3r
firaxê zibilê
7r45h c4n
firaqşok
d15hw45h3r

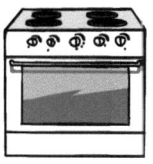

sobe

c00k3r

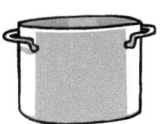

aman

p07

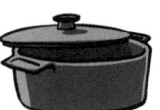

amaê ûtû

c457-1r0n p07

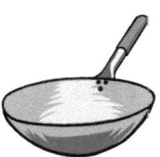

firaqê mezin

w0k / k4d41

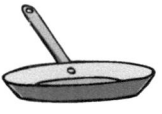

dîzik

p4n

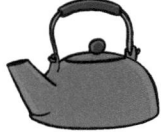

kelînk

k377l3

firaqê hilmê

5734m3r

sênî nanê

b4k1n6 7r4y

firaq

cr0ck3ry

piyale

mu6

kasik

b0wl

darê nanxwarin

ch0p571ck5

hesk

l4dl3

kevçiya mezin

5p47ul4

rînek

wh15k

kefgîr

57r41n3r

bêjing

513v3

rêşker

6r473r

destar

m0r74r

biraştin

b4rb3cu3

agirê vala

f1r3pl4c3

texteya birrînê

ch0pp1n6 b04rd

darikê tîrê

r0ll1n6 p1n

devik badek

c0rk5cr3w

qûtî

c4n

qûtîvekir

c4n 0p3n3r

cawê amanan

0v3n cl07h

destşo

51nk

firçe

bru5h

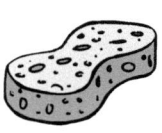

parazoa

5p0n63

tevdêr

bl3nd3r

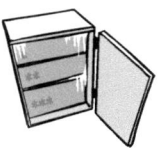

sarkerê cemedî

d33p fr33z3r

şûşe bebikan

b4by b077l3

henefî

74p

hemam
b47hr00m

germijank
h3471n6
xawlî
70w3l
dûş
5h0w3r
perdeya hemamê
5h0w3r cur741n
kefê hemam
bubbl3 b47h
hewza hemam
b47h7ub
qedeh
6l455
cilşok
w45h1n6 m4ch1n3
henefî
74p
acûr
71l35
tiwaleta zarokan
p077y
destşo
51nk

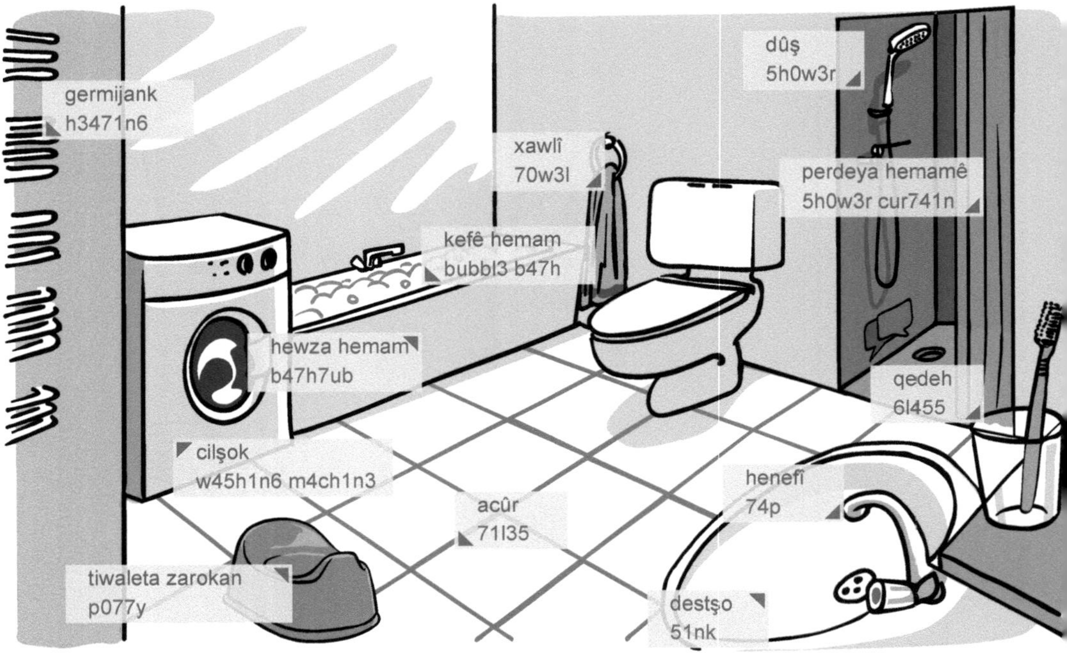

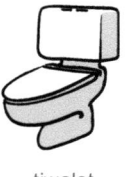

tiwalet

701l37

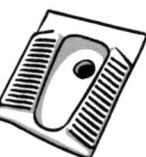

tiwaleta erdê

5qu47 701l37

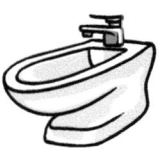

tiwalet

b1d37

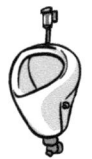

avdestxana mêran

ur1n4l

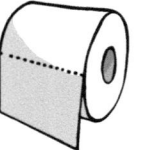

kaxeza tiwalet

701l37 p4p3r

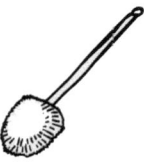

firşeya tiwalet

701l37 bru5h

firçeya diran

7007hbru5h

mecûna diran

7007hp4573

nexa didan

d3n74l fl055

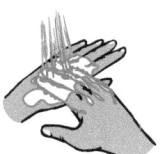

şûştin

w45h

dûşê destê

h4nd 5h0w3r

dûş

d0uch3

destşo

b451n

firça pişt

b4ck bru5h

sabûn

504p

cêlê hemam

5h0w3r 63l

şampo

5h4mp00

fanîle

fl4nn3l

zêrab

dr41n

kirêm

cr3m3

bêhn xweşkir

d30d0r4n7

mirêk	mirêka destê	gûzan
m1rr0r	h4nd m1rr0r	r4z0r

kefê teraşînê	mecûna piştî teraşînê	şeh
5h4v1n6 f04m	4f73r5h4v3	c0mb
		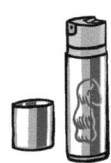
firçe	por hîşikkir	sipraya porê
bru5h	h41r-dry3r	h41r5pr4y

kozmetîk	soravk	rengê nînok
m4k3up	l1p571ck	n41l v4rn15h

pembû	meqesta nînok	parfûm
c0770n w00l	n41l 5c1550r5	p3rfum3

çewalê hemamê

w45hb46

kursiya bêpişt

5700l

terazî

w316h1n6 5c4l35

kinca hemamê

b47hr0b3

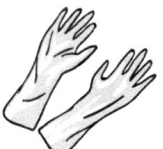

lepika lastîkê

rubb3r 6l0v35

tampon

74mp0n

xawliya paqijkirinê

54n174ry 70w3l

tiwaleta kîmîyewî

ch3m1c4l 701l37

odeya zarok
ch1ld'5 r00m

demjimêrk
4l4rm cl0ck
lîstok
cuddly 70y
maşîna lîstok
70y c4r
xişxişok
r477l3
mala lîstok
d0ll'5 h0u53
xelat
pr353n7

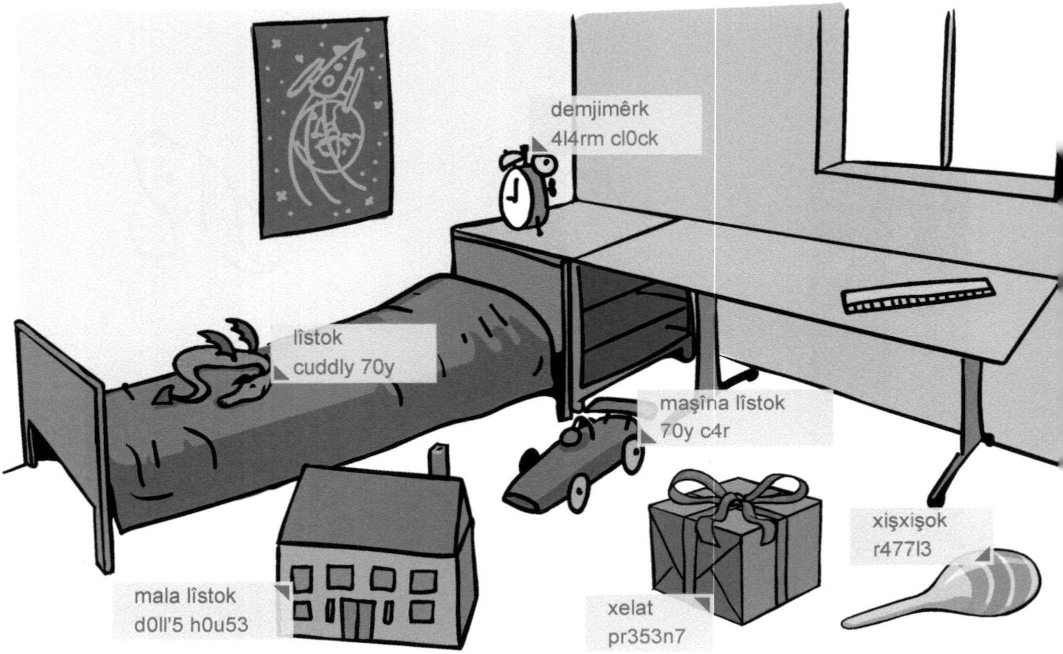

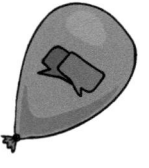

pifdank
b4ll00n

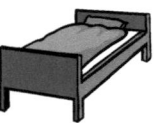

nivîn
b3d

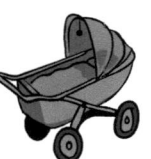

koçk
57r0ll3r

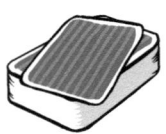

lîstika kartê
d3ck 0f c4rd5

frîzbî
j1654w

SUPER
MEGA
komîk
c0m1c

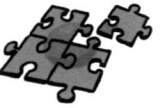

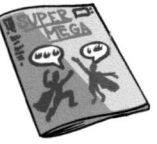

acûra lêgo

l360 br1ck5

acûra lîstok

70y bl0ck5

bûke şûşe

4c710n f16ur3

kinca bebikan

r0mp3r 5u17

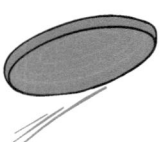

frizbee

fr15b33

veguhestin

m0b1l3

lîstikên texte

b04rd 64m3

mor

d1c3

modêla trênê

m0d3l 7r41n 537

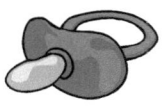

memik

dummy

cejn

p4r7y

kitêba wêne

p1c7ur3 b00k

top

b4ll

bûke şûşe

d0ll

leyîstin

pl4y

kuna xîzê

54ndp17

colane

5w1n6

lîstokan

70y

lîstika vîdeoyî

v1d30 64m3 c0n50l3

sêçerxe

7r1cycl3

hirça lîstok

73ddy b34r

cildank

w4rdr0b3

kinc

cl07h1n6

gore

50ck5

gore

570ck1n65

derpêgorè

716h75

şal
5c4rf

çetir
umbr3ll4

kiras
7-5h1r7

qayiş
b3l7

şekal
b0075

pêlavê nav malê
5l1pp3r5

pêlav
5n34k3r5

solik
54nd4l5

sol
5h035

potîna çermê
rubb3r b0075

pantolê jêr
br13f5

pêsîrbend
br4

çekbend
und3r5h1r7

cendek

b0dy

pantol

p4n75

jeans

j34n5

daman

5k1r7

kiras

bl0u53

kiras

5h1r7

fanêle

pull0v3r

fanêle

5w3473r

cakêt

bl4z3r

sako

j4ck37

çaket

c047

baranî

r41nc047

lebas

c057um3

fîstan

dr355

cilê dawetê

w3dd1n6 dr355

kostum

5u17

pêcame

n16h760wn

pêcame

p4j4m45

saree

54r1

leçik

h34d5c4rf

mêzer

7urb4n

hêram

burk4

kaftan

k4f74n

eba

4b4y4

kinca ajnêkirin

5w1m5u17

cilka melevanî

7runk5

şort

5h0r75

cila hêvojkarî

7r4ck5u17

pêşmal

4pr0n

lepik

6l0v35

dûgme

bu770n

berçavik

6l45535

bazin

br4c3l37

gerdenî

n3ckl4c3

gustîl

r1n6

guhark

34rr1n6

devik

c4p

hilavistek

c047 h4n63r

kûm

h47

kirawat

713

zîp

z1p

serparêz

h3lm37

derzî

br4c35

kinca dibistanê

5ch00l un1f0rm

yûnîform

un1f0rm

berdilk

b1b

memik

dummy

pundax

d14p3r

ofîs

0ff1c3

pêşkeşker
53rv3r

dolabê belge
f1l1n6 c4b1n37

kaxez
p4p3r

çaper
pr1n73r

nîşander
m0n170r

mişk
m0u53

mase
d35k

defter
f0ld3r

klavye
k3yb04rd

sepeta kaxezê
w4573-p4p3r b45k37

komputer
c0mpu73r

kursî
ch41r

kasika qehwe

c0ff33 mu6

hesabker

c4lcul470r

înternet

1n73rn37

komputera laptop

l4p70p

name

l3773r

peyam

m355463

telefona mobîl

c3ll ph0n3

tor

n37w0rk

mekîna fotokopî

ph070c0p13r

software

50f7w4r3

telefon

73l3ph0n3

socketa fîşek

plu6 50ck37

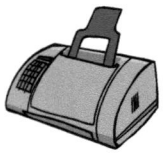

mekîna faxê

f4x m4ch1n3

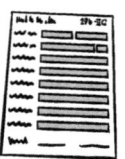

form

f0rm

belge

d0cum3n7

standin

buy

pere dan

p4y

bazirganî

7r4d3

pere

m0n3y

USD

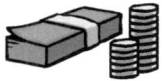

dollar

d0ll4r

EUR

yoro

3ur0

JPY

yenê Japonê

y3n

RUB

roblê Rûsî

r0ubl3

CHF

firankê Swîsê

5w155 fr4nc

CNY

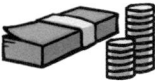

yuanê Çînê

r3nm1nb1 yu4n

INR

rûpee Hindî

rup33

mekîna jixwebera dirav

c45h p01n7

ofîsa pere veguhartinê

curr3ncy 3xch4n63 0ff1c3

zêrr

60ld

zîv

51lv3r

neft

01l

wize

3n3r6y

biha

pr1c3

peyman

c0n7r4c7

tax

74x

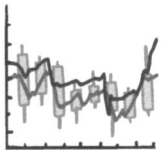

seham

570ck

karkirin

w0rk

karker

3mpl0y33

karda

3mpl0y3r

fabrîka

f4c70ry

dikan

5h0p

profesyon
0ccup4710n5

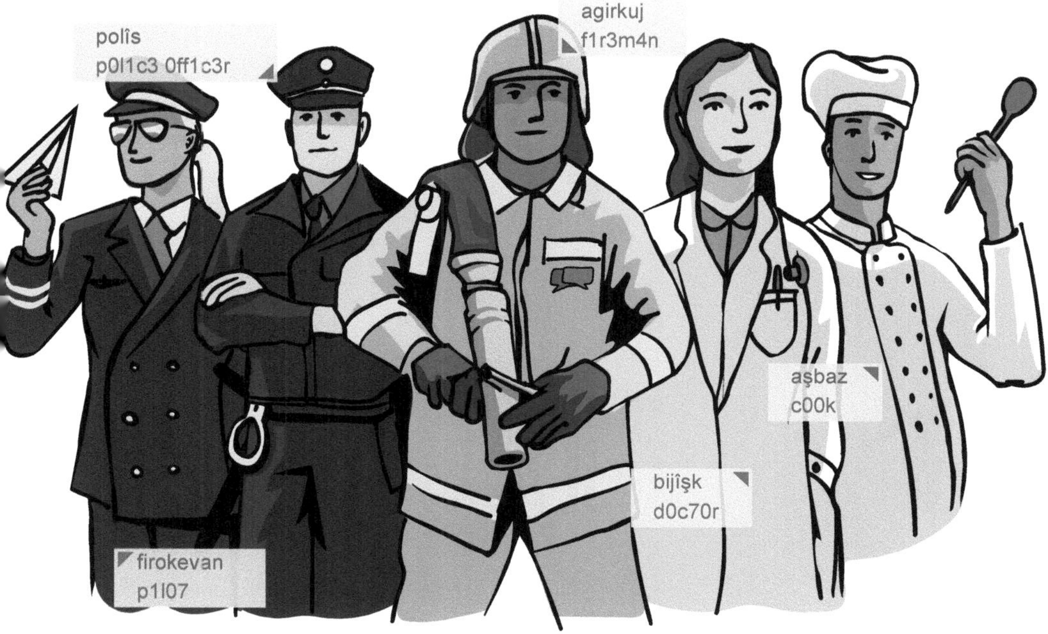
polîs
p0l1c3 0ff1c3r
agirkuj
f1r3m4n
aşbaz
c00k
bijîşk
d0c70r
firokevan
p1l07

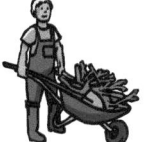

baxçevan

64rd3n3r

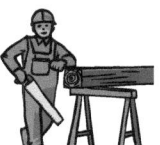

necar

c4rp3n73r

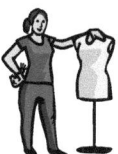

dirûnvan

534m57r355

hakim

jud63

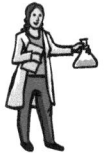

şîmyazan

ch3m157

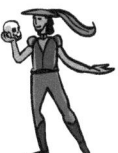

şanoger

4c70r

şufêrê basê

bu5 dr1v3r

şufêrekî taksiyê

74x1 dr1v3r

masîvan

f15h3rm4n

pagijker

cl34n1n6 l4dy

çêkirê banî

r00f3r

berkar

w4173r

nêçirvan

hun73r

rengrês

p41n73r

nanpêj

b4k3r

karebavan

3l3c7r1c14n

avaker

bu1ld3r

endezyar

3n61n33r

qesab

bu7ch3r

lûlekar

plumb3r

postevan

p057m4n

esker

50ld13r

mîmar

4rch173c7

diravgir

c45h13r

firotkara çîçekan

fl0r157

porçêker

h41rdr3553r

ajovan

c0nduc70r

mekanîk

m3ch4n1c

keştîvan

c4p741n

pizîşka didanan

d3n7157

zanistyar

5c13n7157

rûhan

r4bb1

îmam

1m4m

keşe

m0nk

keşîş

p4570r

amûran
700l5

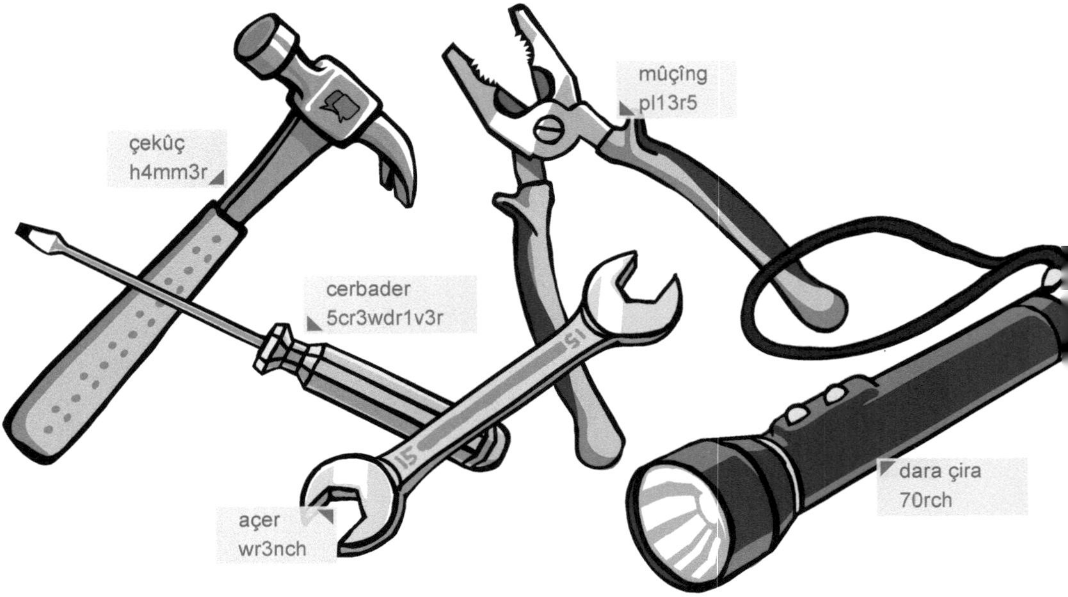

çekûç
h4mm3r
mûçîng
pl13r5
cerbader
5cr3wdr1v3r
dara çira
70rch
açer
wr3nch

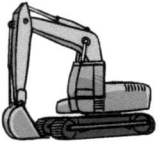

şofel

3xc4v470r

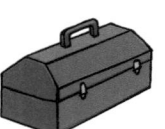

qûtiya amûran

700lb0x

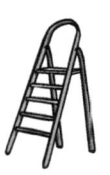

peyje

l4dd3r

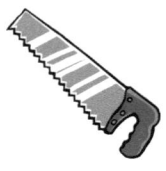

mişar

54w

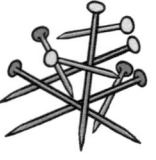

mîx

n41l5

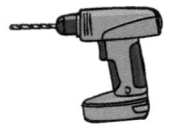

qulkirin

dr1ll

çêkirin

r3p41r

merbêr

5h0v3l

nalet!

d4mn!

bêl

du57p4n

qûtiya rengê

p41n7 c4n

cerr

5cr3w5

amûrên mûzîkê

mu51c4l 1n57rum3n75

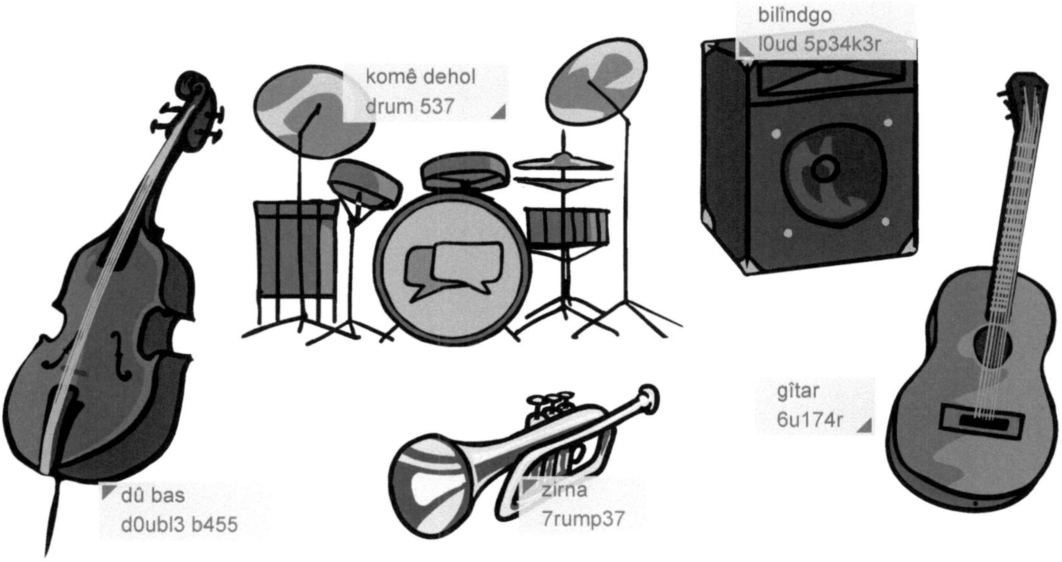

komê dehol
drum 537

bilîndgo
l0ud 5p34k3r

gîtar
6u174r

dû bas
d0ubl3 b455

zirna
7rump37

piyano

p14n0

viyolîn

v10l1n

dehol

71mp4n1

dahol

drum5

bas

b455

keyboard

k3yb04rd

saksofon

54x0ph0n3

bilûr

flu73

mîkrofon

m1cr0ph0n3

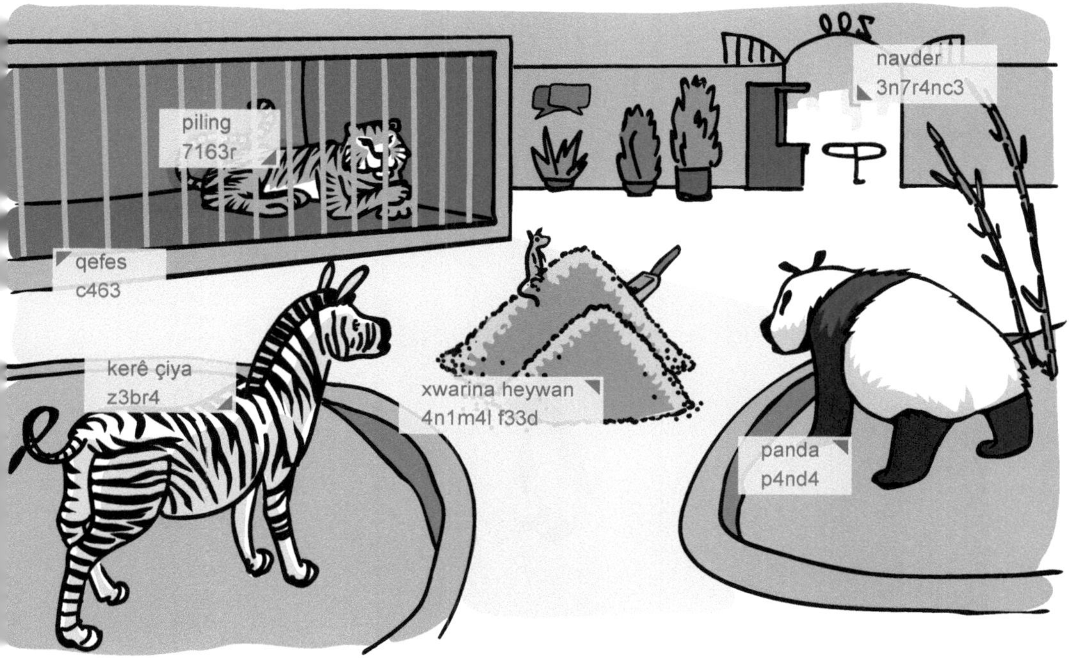

navder
3n7r4nc3

piling
7163r

qefes
c463

kerê çiya
z3br4

xwarina heywan
4n1m4l f33d

panda
p4nd4

heywan
4n1m4l5

fîl
3l3ph4n7

kangarû
k4n64r00

kerkeden
rh1n0

gorîl
60r1ll4

hirç
b34r

hêştir

c4m3l

hêştirme

057r1ch

şêr

l10n

meymûn

m0nk3y

flamîngo

fl4m1n60

papaxan

p4rr07

hirça cemserî

p0l4r b34r

penguîn

p3n6u1n

semasî

5h4rk

tawûs

p34c0ck

mar

5n4k3

timsah

cr0c0d1l3

parêzera baxça ajalan

z00k33p3r

seya derya

534l

piling

j46u4r

hesp

p0ny

piling

l30p4rd

hespê rûbar

h1pp0

canhêştir

61r4ff3

helo

346l3

berazê kovî

b04r

masî

f15h

kûsî

7ur7l3

walras

w4lru5

rovî

f0x

xezal

64z3ll3

fûtbolê Amerîka
4m3r1c4n f007b4ll

bisiklêtan
cycl1n6

tenîs
73nn15

baskêtbol
b45k37b4ll

avjenîkirin
5w1mm1n6

boxing
b0x1n6

hokeya ser cemedê
1c3 h0ck3y

fûtbol
50cc3r

badminton
b4dm1n70n

yê atletîzmê
47hl371c5

hendbol
h4ndb4ll

befirajotin
5k11n6

polo
p0l0

hilpeke
jump

kenîn
l4u6h

hembêz
hu6

birêveçûn
w4lk

lawje gutin
51n6

xewn dîtin
dr34m

nimêj kirin
pr4y

maçkirin
k155

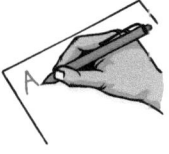

nivîsandin

wr173

nîgar kêşan

dr4w

nîşan dan

5h0w

paldan

pu5h

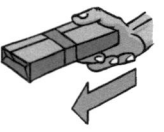

dayîn

61v3

rakirin

74k3

heyîn

h4v3

kirin

d0

bûn

b3

sekinîn

574nd

bazdan

run

kişandin

pull

avêtin

7hr0w

ketin

f4ll

derew kirin

l13

sekinîn

w417

guhêztin

c4rry

rûniştin

517

cil berkirin

637 dr3553d

razan

5l33p

rabûn

w4k3 up

mêze kirin

l00k 47

girîn

cry

celte

57r0k3

şe kirin

c0mb

peyvîn

74lk

famkirin

und3r574nd

pirskirin

45k

bihîstin

l1573n

vexwarin

dr1nk

xwarin

347

kom kirin

71dy up

hezkirin

l0v3

xwarin çêkirin

c00k

ajotin

dr1v3

firrîn

fly

kesştîvanî

5411

hesibandin

c4lcul473

xwandin

r34d

hînbûn

l34rn

karkirin

w0rk

zewicîn

m4rry

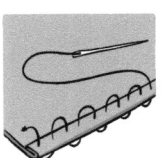

dirûtin

53w

didan şûtin

bru5h 7337h

kuştin

k1ll

dûxan

5m0k3

şandin

53nd

malbat
f4m1ly

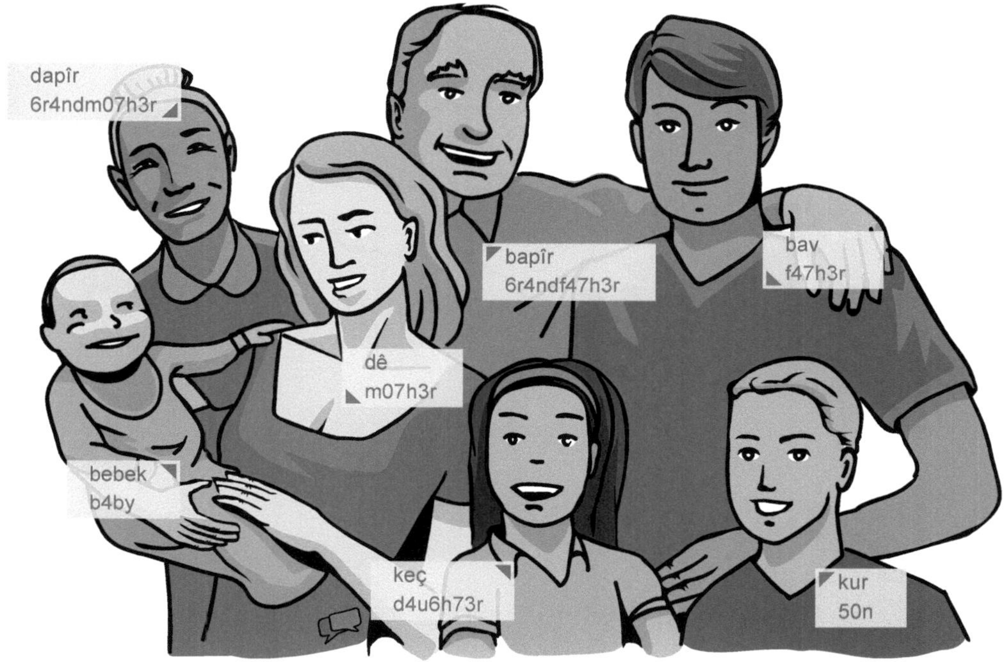

dapîr
6r4ndm07h3r
bapîr
6r4ndf47h3r
bav
f47h3r
dê
m07h3r
bebek
b4by
keç
d4u6h73r
kur
50n

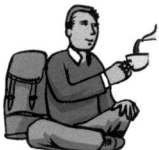

mêvan
....
6u357

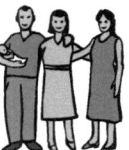

met
....
4un7

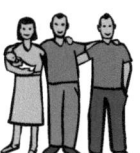

ap/xal
....
uncl3

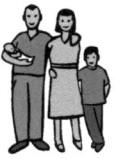

bira
....
br07h3r

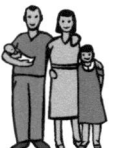

xwişl
....
51573r

beden

b0dy

enî
f0r3h34d
çav
3y3
rû
f4c3
zenî
ch1n
sîng
br3457
tilî
f1n63r
dest
h4nd
pîl
4rm
mil
5h0uld3r
ling
l36

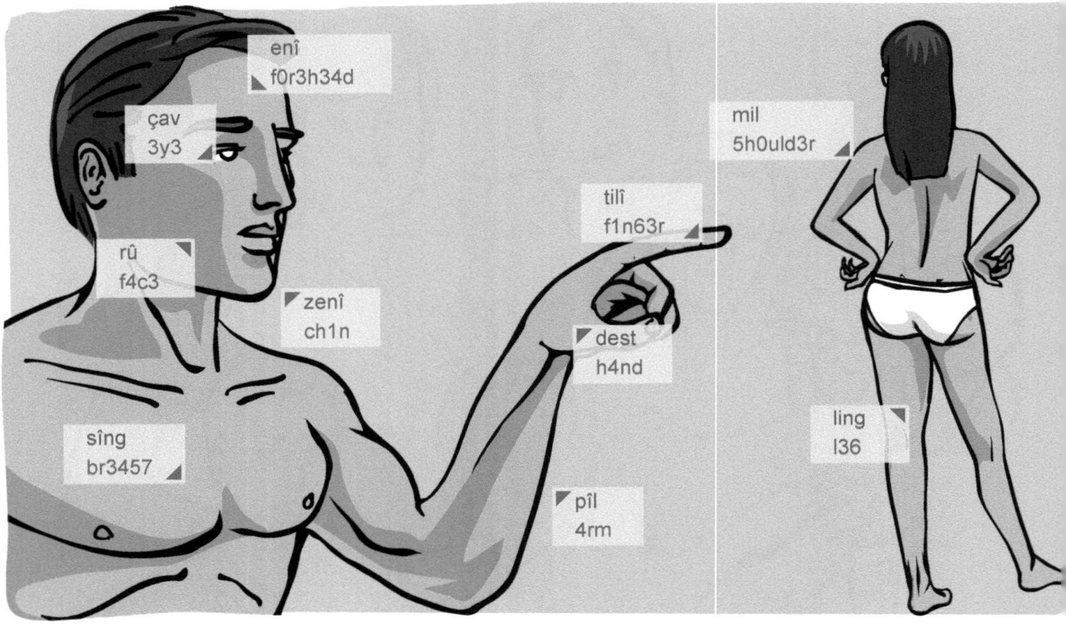

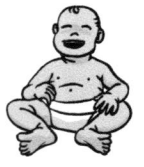

bebek

b4by

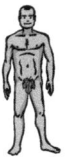

mêr

m4n

jin

w0m4n

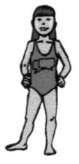

keç

61rl

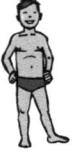

kor

b0y

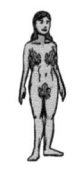

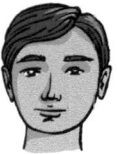

ser

h34d

pişt

b4ck

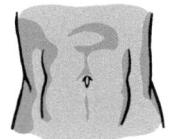

zik

b3lly

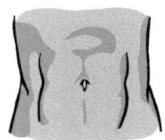

navik

n4v3l

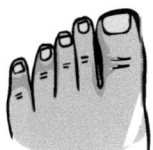

tilîya pê

703

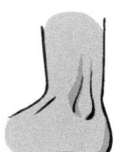

panî

h33l

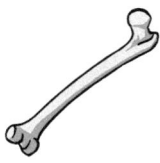

hestî

b0n3

kûlîmek

h1p

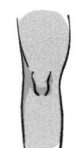

jûnî

kn33

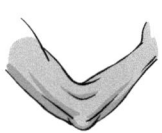

enîşk

3lb0w

difn

n053

qûn

bu770ck5

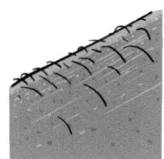

çerm

5k1n

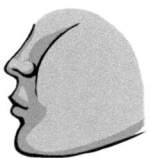

rû

ch33k

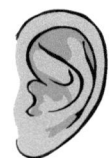

gûh

34r

lêv

l1p

dev

m0u7h

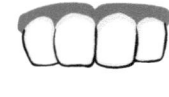

diran

7007h

ziman

70n6u3

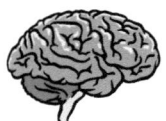

mêjî

br41n

dil

h34r7

masûl

mu5cl3

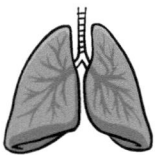

cîgera spî

lun6

ceger

l1v3r

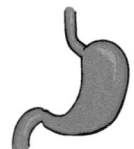

made

570m4ch

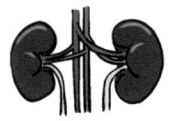

gûrçikan

k1dn3y5

cotbûn

53x

kondom

c0nd0m

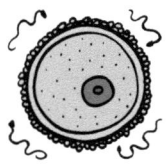

hêk

0vum

tov

53m3n

dûcanî

pr36n4ncy

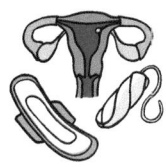

ade
m3n57ru4710n

qûz
v461n4

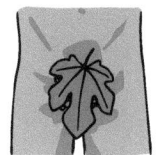

kîr
p3n15

birû
3y3br0w

por
h41r

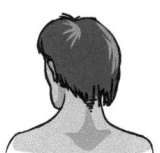

hûstû
n3ck

nexweşxane

h05p174l

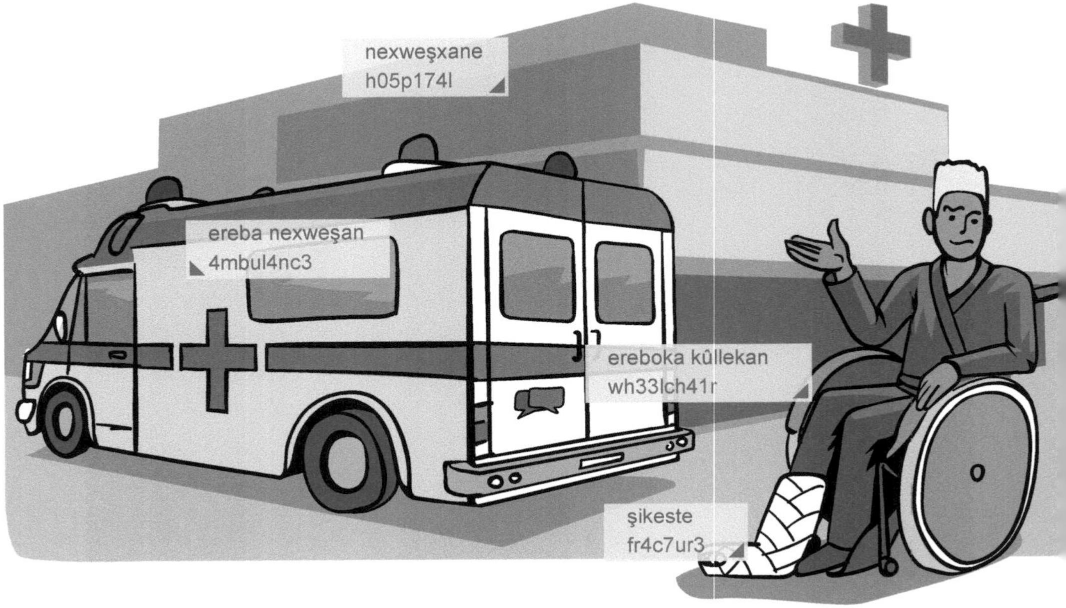

nexweşxane
h05p174l
ereba nexweşan
4mbul4nc3
ereboka kûllekan
wh33lch41r
şikeste
fr4c7ur3

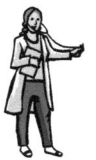

bijîşk

d0c70r

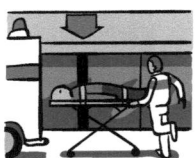

oda lezgînê

3m3r63ncy r00m

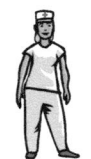

nexweşyar

nur53

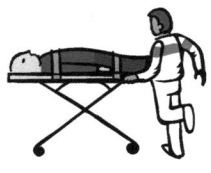

acîlîyet

3m3r63ncy

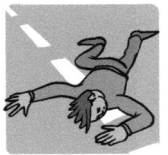

bêhay

unc0n5c10u5

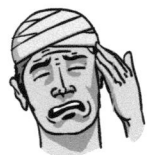

êş

p41n

birîn

1njury

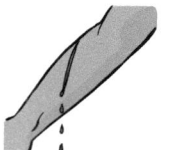

xwînpijan

bl33d1n6

hêrişa dilî

h34r7 4774ck

celte

57r0k3

alerjî

4ll3r6y

kuxik

c0u6h

ta

f3v3r

zikam

flu

navçûyin

d14rrh34

serêş

h34d4ch3

qansêr

c4nc3r

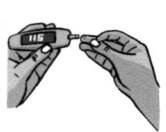

nexweşiya şekirê

d14b3735

emelîkar

5ur630n

skalpêl

5c4lp3l

emelî

0p3r4710n

CT

c7

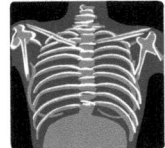

sûretê rontgên

x-r4y

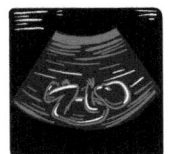

ûltrasawnd

ul7r450und

maskê rûyê

f4c3 m45k

nexweşî

d153453

oda sekinînê

w4171n6 r00m

goçan

cru7ch

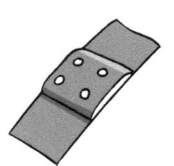

şêl

pl4573r

paçê birînpêçanê

b4nd463

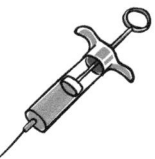

derzî

1nj3c710n

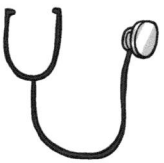

bîstoka pizîşkî

5737h05c0p3

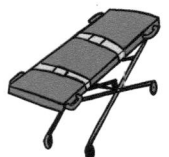

darbest

57r37ch3r

têhnpîva klînîkê

cl1n1c4l 7h3rm0m373r

zayîn

b1r7h

qelew

0v3rw316h7

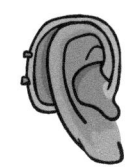

alîkariya bihîstinê

h34r1n6 41d

bakterîkuj

d151nf3c74n7

kotîbûn

1nf3c710n

vîrûs

v1ru5

HIV / AIDS

h1v / 41d5

derman

m3d1c1n3

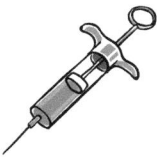

kutan

v4cc1n4710n

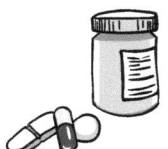

heban

74bl375

heb

p1ll

lezgîn

3m3r63ncy c4ll

dîmenderê pesto xwîn

bl00d pr355ur3 m0n170r

nexweş / sax

1ll / h34l7hy

Hewar!

h3lp!

alarm

4l4rm

êrîş

4554ul7

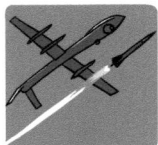

êrîşkirin

4774ck

talûk

d4n63r

derketina acil

3m3r63ncy 3x17

agir!

f1r3!

agir vemirandinê

f1r3 3x71n6u15h3r

qeza

4cc1d3n7

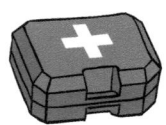

aletên alîkariya yekem

f1r57-41d k17

SOS

505

polîs

p0l1c3

Ewropa

3ur0p3

Amerîkaya Bakûr

n0r7h 4m3r1c4

Amerîkaya Başûr

50u7h 4m3r1c4

Afrîka

4fr1c4

Asya

4514

Awustralya

4u57r4l14

Atlantîk

47l4n71c

Okyanûsa Mezin

p4c1f1c

Okyanûsa Hindî

1nd14n 0c34n

Okyanûsa Antarktîka

4n74rc71c 0c34ꞁ

Okyanûsa Arktîk

4rc71c 0c34n

Cemsera Bakûr

n0r7h p0l3

Cemsera Başûr

50u7h p0l3

Antarktîka

4n74rc71c4

erd

34r7h

ax

l4nd

behir

534

dûrge

15l4nd

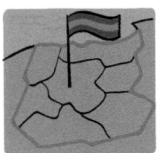

milllet

n4710n

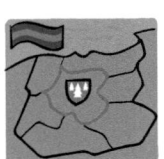

welat

57473

rûyê saet

cl0ck f4c3

nişanderka demjimêr

h0ur h4nd

nişanderka deqe

m1nu73 h4nd

nişanderka saniye

53c0nd h4nd

Seet çende?

wh47 71m3 15 17?

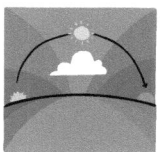

roj

d4y

dem

71m3

niha

n0w

saetê dicîtal

d16174l w47ch

deqe

m1nu73

seet

h0ur

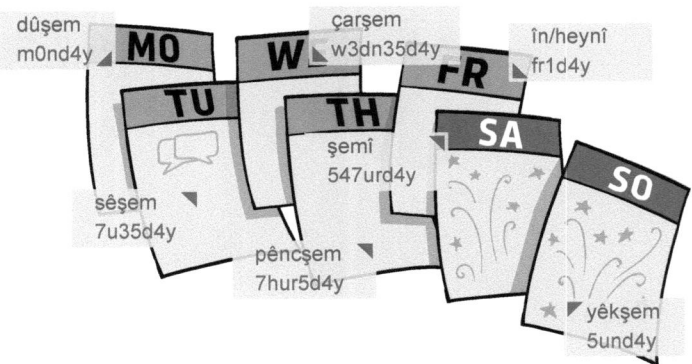

dûşem
m0nd4y

çarşem
w3dn35d4y

în/heynî
fr1d4y

şemî
547urd4y

sêşem
7u35d4y

pêncşem
7hur5d4y

yêkşem
5und4y

duh

y3573rd4y

îro

70d4y

sibey

70m0rr0w

sibe

m0rn1n6

nîvro

n00n

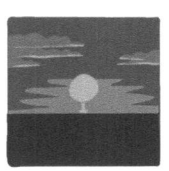

êvar

3v3n1n6

MO	TU	WE	TH	FR	SA	SU
1	2	3	4	5	6	7
8	9	10	11	12	13	14
15	16	17	18	19	20	21
22	23	24	25	26	27	28
29	30	31	1	2	3	4

rojên karê

w0rkd4y5

MO	TU	WE	TH	FR	SA	SU
1	2	3	4	5	6	7
8	9	10	11	12	13	14
15	16	17	18	19	20	21
22	23	24	25	26	27	28
29	30	31	1	2	3	4

dawiya hefte

w33k3nd

sal

y34r

keskesor
r41nb0w
baran
r41n
befir
5n0w
ba
w1nd
bihar
5pr1n6
payîz
f4ll
havîn
5umm3r
zivistan
w1n73r

4.APRIL 11°
5.APRIL 4°
6.APRIL 13°
7.APRIL 8°
8.APRIL 10°

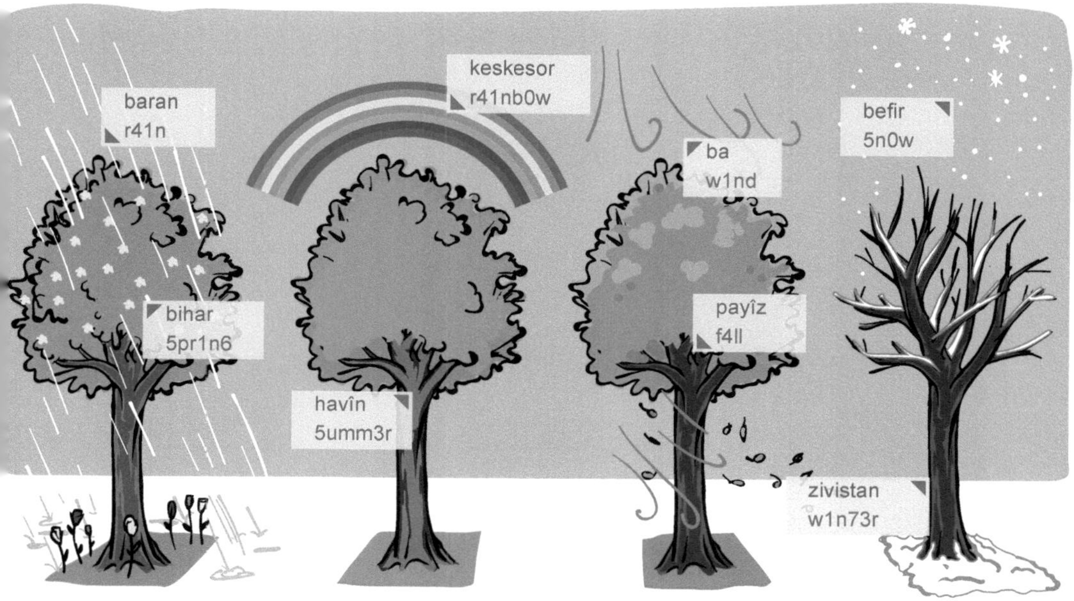

pêşbîniya hewa

w347h3r f0r3c457

F C
120 40
90 30
60 20
30 10
0 0
-30 -10
-20

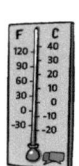

tehnpîv

7h3rm0m373r

tav

5un5h1n3

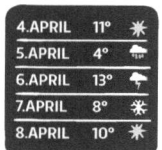

hewr

cl0ud

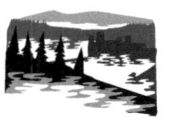

mij

f06

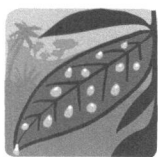

hêmî

hum1d17y

birq

l16h7n1n6

brûsk

7hund3r

tofan

570rm

terg

h41l

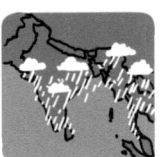

mansûn

m0n500n

lehî

fl00d

cemed

1c3

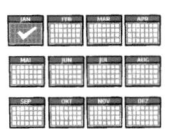

rêbendan

j4nu4ry

reşeme

f3bru4ry

newroz

m4rch

gulan

4pr1l

cozerdan

m4y

pûşper

jun3

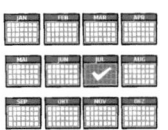

gelawêj

july

xermanan

4u6u57

rezber
....
53p73mb3r

kewçêr
....
0c70b3r

sermawez
....
n0v3mb3r

befranbar
....
d3c3mb3r

çember
....
c1rcl3

çarçik
....
5qu4r3

çarqozî
....
r3c74n6l3

sêqozî
....
7r14n6l3

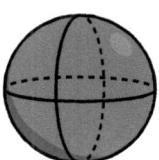

qada
....
5ph3r3

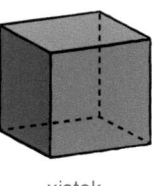

xiştek
....
cub3

sipî

wh173

zer

y3ll0w

pirteqalî

0r4n63

pembe

p1nk

sor

r3d

mor

purpl3

şîn

blu3

kesik

6r33n

qehweyî

br0wn

gewr

6r4y

reş

bl4ck

zor / kêm

4 l07 / 4 l177l3

bi hêrs / bêdeng

4n6ry / c4lm

bedew / nerind

b34u71ful / u6ly

destpêk / dawî

b361nn1n6 / 3rd

mezin / biçûk

b16 / 5m4ll

ronî / tarî

br16h7 / d4rk

brak / xwişk

br07h3r / 51573r

pagij / girêj

cl34n / d1r7y

tevî / netemam

c0mpl373 / 1nc0mpl373

roj / şev

d4y / n16h7

mirî / zindî

d34d / 4l1v3

fire / teng

w1d3 / n4rr0w

xweş / nexweş

3d1bl3 / 1n3d1bl3

nebaş / baş

3v1l / k1nd

bi heyecan / aciz

3xc173d / b0r3d

qelew / zirav

f47 / 7h1n

yekemîn / dawîn

f1r57 / l457

heval / dijmin

fr13nd / 3n3my

tijî / vala

full / 3mp7y

req / nerm

h4rd / 50f7

giran / sivik

h34vy / l16h7

birçî / tînî

hun63r / 7h1r57

nexweş / sax

1ll / h34l7hy

neqanûnî / qanûnî

1ll364l / l364l

rewşenbîr / balûle

1n73ll163n7 / 57up1d

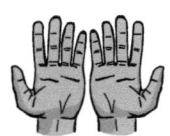

çep / rast

l3f7 / r16h7

nêzî / dûr

n34r / f4r

nû / bikarhatî

n3w / u53d

hîç / tiştek

n07h1n6 / 50m37h1n6

kal / ciwan

0ld / y0un6

li / ji

0n / 0ff

vekirî / girtî

0p3n / cl053d

aram / dengbilind

qu137 / l0ud

dewlemend / reben

r1ch / p00r

rast / şaş

r16h7 / wr0n6

dirr / hilû

r0u6h / 5m007h

xemgîn / şa

54d / h4ppy

kurt / dirêj

5h0r7 / l0n6

hêdî / zû

5l0w / f457

şil / ziwa

w37 / dry

germ / hênik

w4rm / c00l

şerr / aşitî

w4r / p34c3

0

sifir

z3r0

1

yek

0n3

2

dû

7w0

3

sê

7hr33

4

çar

f0ur

5

pênc

f1v3

6

şeş

51x

7

heft

53v3n

8

heşt

316h7

9

neh

n1n3

10

deh

73n

11

yazde

3l3v3n

12

dazde

7w3lv3

13

sêzde

7h1r733n

14

çarde

f0ur733n

15

pazde

f1f733n

16

şazde

51x733n

17

hefde

53v3n733n

18

hejde

316h733n

19

nozdeh

n1n3733n

20

bîst

7w3n7y

100

sed

hundr3d

1.000

hezar

7h0u54nd

1.000.000

milyon

m1ll10n

Inglîzî

3n6l15h

Inglîziya Amerîkî

4m3r1c4n 3n6l15h

Çînî Mandarîn

ch1n353 m4nd4r1n

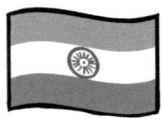

Hindî

h1nd1

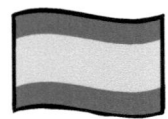

Îspanyolî

5p4n15h

Frensî

fr3nch

Erebî

4r4b1c

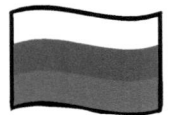

Rûsî

ru5514n

Portugalî

p0r7u6u353

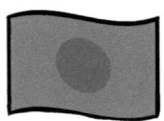

Bengalî

b3n64l1

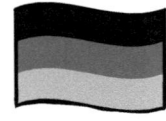

Elmanî

63rm4n

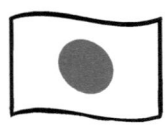

Japonî

j4p4n353

min

1

tu

y0u

ew / ev / ew

h3 / 5h3 / 17

em

w3

tu

y0u

ew

7h3y

kî?

wh0?

çi?

wh47?

çawa?

h0w?

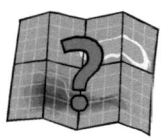

kû?

wh3r3?

kengî?

wh3n?

nav

n4m3

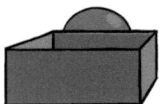

piştî

b3h1nd

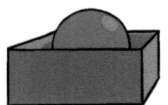

li

1n

pêşî

1n fr0n7 0f

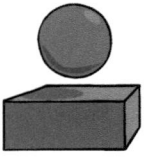

ser

0v3r

ser

0n

bin

und3r

kêlek

b351d3

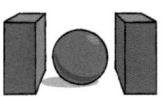

navber

b37w33n

cih

pl4c3